CATALOGUE

D'ESTAMPES

ANCIENNES

DES

Écoles Française et Anglaise du XVIIIᵉ siècle

IMPRIMÉES EN NOIR ET EN COULEUR

LITHOGRAPHIES, EAUX-FORTES

ŒUVRES DE FÉLICIEN ROPS

CARICATURES, PORTRAITS

PIÈCES HISTORIQUES INTÉRESSANT L'AMÉRIQUE

DONT LA VENTE AUX ENCHÈRES PUBLIQUES AURA LIEU

HOTÉL DES COMMISSAIRES-PRISEURS, RUE DROUOT, Nº 9,

SALLE Nº 8

Les mardi 4 et mercredi 5 février 1896

A deux heures précises.

Mᵉ **MAURICE DELESTRE**, Commissaire-Priseur, rue Drouot, 27.

Assisté de :

M. LOUIS BIHN, marchand d'estampes en face la Bibliothèque nationale,
69, rue Richelieu, et 1, rue Rameau.

et de M. **AUG. GEOFFROY.**

PARIS — 1896

CATALOGUE
D'ESTAMPES

ANCIENNES

DES

Écoles Française et Anglaise du XVIIIe siècle

IMPRIMÉES EN NOIR ET EN COULEUR

LITHOGRAPHIES, EAUX-FORTES

ŒUVRES DE FÉLICIEN ROPS

CARICATURES, PORTRAITS

PIÈCES HISTORIQUES INTÉRESSANT L'AMÉRIQUE

DONT LA VENTE AUX ENCHÈRES PUBLIQUES AURA LIEU

HOTEL DES COMMISSAIRES-PRISEURS, RUE DROUOT, N° 9,

SALLE N° 8

Les mardi 4 et mercredi 5 février 1896

A deux heures précises.

Me **MAURICE DELESTRE**, Commissaire-Priseur, rue Drouot, 27.

Assisté de :

M. LOUIS BIHN, marchand d'estampes en face la Bibliothèque nationale,

69, rue Richelieu, et 1, rue Rameau.

et de M. **AUG. GEOFFROY.**

PARIS — 1896

CONDITIONS DE LA VENTE

Elle sera faite au comptant.

Les acquéreurs payeront CINQ POUR CENT en sus des enchères applicables aux frais.

ORDRE DE LA VACATION

Mardi,   4 février............................... 1 à 281
Mercredi, 5   — .... 282 à 576

N. B. — *Le nombre de pièces contenues dans les* **lots** *est indiqué en* **chiffres** *au bout de la ligne.*

Toutes les pièces étant en bel état, nous nous sommes dispensés de l'indiquer au Catalogue.

DÉSIGNATION

ESTAMPES

ADAM (Victor)

1 — Alphabet et Chiffres Récréatifs. Suite complète dans la couverture de publication. 9

2 — La Foire aux Idées. Dans la couverture de publication. 48

ADRESSES

3 — *Theuveny*, Apoticaire, à Chaalons en Champagne. Jolie adresse avec entourage de roses.

4 — *Decourcelle*, graveur, Palais-Royal, Paris. Par Roger, d'après Prud'hon. Rare.

5 — A la ville de Verdun, Robineau-Morand, confiseur, — Aux envieux de la Vertu, etc. 7

6 — *Toulouse*, doreur de la duchesse d'Angoulême, — Aux victimes du mercure, — Liqueur des braves, — James Figg, maître d'armes, par Hogarth, etc. 24

ALIX (P.-M.)

7 — *Corday* (Marie-Anne-Charlotte). In-fol. en couleur.

AMÉRIQUE (pièces sur l')

8 — *Francklin*, par Alix, d'après Vanloo. En couleur. Petite marge.

9 — *Washington*. Médaillon in-4, par A. Tardieu, d'après Houdon. Toute marge.

10 — The R[nd] Mr *Samson Occom*, missionnaire en Amérique. In-fol. à la manière noire, par Spilsbury, d'après Chamberlin.

AMÉRIQUE (pièces sur l')

11 — *Rafael Urdaneta*, général, — Francisco de *Paula Santander*, président de Colombie. In-fol. à la manière noire, par S. W. Reynolds.   2

12 — *Washington*, lith. de Julien, — Ch. *Colomb* apercevant la terre, etc. In-fol.   3

13 — The Declaration of Independance of the United States of America, 1776. Grand in-fol., par Durand, d'après Trumbull. Mouillure dans la marge.

14 — *Caricatures.* The Funeral Procession of Miss Americ-Stamp, — Banque de Mississipi, etc.   8

15 — Views of the Hudson River. In-fol. en largeur, par Hill, d'après W. G. Wall. Imprimées en couleur. Rares.   13

16 — Vue de la ville de Washington, en 1800, — Mont-Vernon, habitation du général Washington. En couleur, etc.   4

17 — *Jefferson*, par Dequevauvillier, — *Washington*, par Blanchard. Sur chine. Toute marge.   2

18 — Portraits d'hommes nés ou ayant vécu en Amérique, par Quénedey.   16

19 — Portraits de femmes, par Quénedey.   10

20 — *Francklin*, par St-Aubin, d'après Cochin, toute marge, — *Kosciuszko*, etc.   8

21 — Le P. Louis-François de *Mornay*, capucin, évêque et coadjuteur de Québec, par Habert, — Gén. *Bolivar*, etc. 5

22 — Le comte d'*Estaing*, par Barbié, — Le même, par Gaucher, — *La Pérouse*, — *Magellan*, etc.   10

23 — *Francklin*, — Général *Bolivar*, — Général *Bravo*, etc. 14

24 — *Washington*, d'après Longhi, — *Fenimore Cooper*, — *Jefferson*, — *Lafayette*, etc.   11

25 — *Kosciuszko*, par Fiesinger, — *Jefferson*, — *Francklin*, *B. West*, etc.   11

AMÉRIQUE (pièces sur l')

26 — *Francklin*, par Le Beau, toute marge, — *Washington*, etc. 5

27 — *Jefferson*, — *J. Monroe*, — *Francklin*, etc. 6

28 — *La Pérouse*, — *Cook*, — *d'Estaing*, — Batailles diverses, etc. 25

29 — F. Xavier *Du Plessis*, missionnaire, né à Québec, — F. de *Mornay*, — *Lafayette*, — Mis de *Bouillé*, etc. 20

30 — Mort de *Montcalm*, en couleur, — Chefs de tribus, etc. 13

31 — Mort de *Warren*, — de *Wolff*, — de *Montgomery*, etc. 4

32 — Mort de *Cook*, — Batailles navales, etc. 6

33 — Allégories sur l'Amérique. 5

34 — L'Œuf de Ch. Colomb, — Cartes, — Plans, etc. 40

AUDOUIN (P.)

35 — *Mirabeau*, député d'Aix à l'Assemblée nationale. Buste dans un ovale in-fol.

AUDRAN (P.-G.)

36 — Six feuilles de Têtes, études, gravées à l'eau-forte, par P. G. Audran. A Paris, chez B. Audran. Cahier complet.

AVRIL

37 — Offrande à l'amour. Avant la lettre.

BAILLIE (W.)

38 — Aurora, d'après le Guide. Ovale, avant les armes et l'inscription dans le haut de la pièce.

39 — La même estampe, avec les armes et l'inscription. Imprimée en bistre.

BALECHOU

40 — Anne Charlotte Gauthier de *Loiserolle*, femme d'*Aved*, d'après Aved. In-fol. Avec les mots : Aved pinx^t. Balechou, sculp^t.

BALECHOU

41 — Le même portrait, avec l'inscription : peint par Aved, gravé et présenté par Balechou son ami.

BALLONS (pièces sur les)

42 — Vue perspective de la ville de Rodez, capitale du Rouergue, dédiée à Mgr Seignelay Colbert de Castle-Hill, par Blanchon, d'après Candieu.

43 — Siège de la Colonne de Pompée. Science in the Pillory, par Gillray. Curieuse pièce satirique sur la campagne d'Egypte. En couleur. Rare.

44 — Jos. et Etienne de *Montgolfier*, par Le Beau, — Le Dr *Potain*, etc. 9

45 — Machine aérostatique qui s'est élevée à Paris le 19 octobre 1783, — La Minerve, vaisseau aérien, — Living made easy, etc. 7

46 — Expérience physique de la machine *aréostatique* de MM. Montgolfier, 1783, — Expérience de MM. Charles et Robert, aux Thuileries,—Académie des Sciences, par Leclerc, etc. 8

47 — Affiches *anciennes*, à ballons, — Brochures, etc. 8

BARTOLOZZI (F.)

48 — Sophronia, — Cecilia Evrard. Ovales en couleur. Toutes marges. 2

49 — Tancred and Erminia, d'après Cipriani. Rare épreuve avant la lettre et avant les noms des artistes. Imprimée en bistre.

50 — Comedy, — Tragedy, d'après Cipriani. Imprimées en bistre. 2

51 — Clytie, d'après Annibal Carrache. Pièce in-fol. de forme ronde, publiée à Londres, par John Boydell, en 1772.

BARTOLOZZI (F.)

52 — Portrait of her Majesty (Charlotte, femme de George III), d'après W. Beechy. In-fol. Buste dans un entourage d'amours et de roses. En bistre.

53 — His grace the Duke of *Marlborough*. Buste dans un ovale. En bistre, toute marge.

BASSET (à Paris, chez)

54 — La Leçon mise en pratique, par Bonnefoi, d'après Boiseau. Ovale in-4. En couleur.

BAUDOUIN (d'après P.-A.)

55 — Le Catéchisme, — Le Confessionnal, par Moitte.   2

BEAUVARLET (J.)

56 — *Pombal* (le marquis de) assis au bord de la mer; dans le fond, on voit le port de Lisbonne. D'après Vanloo et J. Vernet. Gr. in folio en largeur. Marge

BELLANGÉ (H.)

57 — Costumes militaires coloriés (Gihaut imp.).   25

58 — Sujets tirés d'albums, — costumes militaires, etc., en noir et en couleur.   58

BLIN (à Paris, chez)

59 — Gaspard de *Coligny* et Michel de l'*Hôpital*. Deux petits portraits dans un rond. En couleur.

BOILLY (d'après L.)

60 — La Comparaison des petits pieds, par Chaponnier. In-fol.

61 — La Serinette, par Honoré. In-fol.

62 — Séparation douloureuse, par Noël, sous la direction de Schenker. Gr. in-fol.

63 — Que ni est-il encore, par Petit. In-fol. Marge.

BOILLY (d'après L.)

64 — La Solitude, — L'Amusement de la Campagne, par Tresca. Deux pièces faisant pendants.

65 — Ire Scène de Voleurs, — IIe Scène de Voleurs. Deux pièces faisant pendants, par Gros. Toutes marges.

66 — *Dubois* (Antoine), Professeur à l'École de Médecine de Paris. In-4, par Gautier. En couleur. Marge.

BOISSIEU (J.-J. DE)

67 — Vieillard jouant de la vielle (Ch. Le Bl. 46), — La Leçon de botanique, — Portraits, — Paysages, etc.   13

BOIZOT

68 — Le Triomphe de la Vertu Républicaine, — Le Triomphe des Victoires Républicaines, — La République triomphante. Ovales, par Darcis. En noir et en bistre.   3

BONNART (H.)

69 — Les Quatre parties du monde. Bonnart excudit 1696.   4

70 — Mademoiselle de *Pons*, — Élisabeth de Bregy, Marquise d'*Escots*, etc. En couleur.   4

71 — La Marquise d'*Antin*, — La Duchesse de *Bournonville*, — La Princesse de *Conti*, etc.   6

72 — La Duchesse de *Sforze*, — La Princesse d'*Espinoy*, — Mlle de *Lislebonne*, etc.   6

73 — La Duchesse de *Savoye*, — Mme Dugué de *Bagnols*, — La Duchesse de *Valentinois*.   7

74 — Costumes divers, — Portraits, — Allégories.   45

BONNET (L.)

75 — Le Concert des trois Grâces. In-4 en couleur. Marge.

76 — Portrait de femme en buste, gravé à la manière du pastel, d'après Le Clerc. In-4 en couleur.

BONNET (L.)

77 — Le Toucher, — Le Nid, etc., d'après Eisen et Le Clerc.
En couleur.   3

78 — La Toilette de Vénus, — L'Ivresse d'Hébé, — Diane au
bain, etc. Suite de huit pièces au lavis, publiées chez
Bonnet. In-8.

79 — Bazile et Laurette, — Bazile et Luzy. Deux pièces faisant
pendants. En couleur.

80 — La Dormeuse. In-4 en couleur. Marge.

BOSIO (d'après D.)

81 — Les Oublies. Rare épreuve avant la réduction du cuivre
pour la suite du *Bon Genre*. En couleur. Grande marge.

BOUCHER (d'après Fr.)

82 — La Belle Cuisinière. In-fol., par Aveline.

83 — La Belle Villageoise. In-fol. par Soubeyran. Grande
marge.

84 — Le Réveil. In-fol. par Huquier.

85 — Le Panier mistérieux, — Les Amans surpris. Deux pièces
in-fol. par Gaillard, faisant pendants.

86 — La Fécondité, par Gaillard. In-fol.

87 — Vénus entrant au Bain, — Le Repos de la Volupté. In-fol.
par Michel. Marges.   2

88 — Pan et Syrinx. In-fol. par Martenasie. Grande marge.

BOZE (d'après J.)

89 — *Mirabeau.* Grand portrait en pied, par E. Beisson. Marge.

BUNBURY (d'après H.)

90 — The Barrel, par C. Knight. In-fol. en largeur. Très
belle épreuve avant la lettre, seulement les noms des
artistes et l'adresse de Dickinson. Tirée en bistre. Marge.
Rare.

BUNBURY (d'après H.)

91 — Pot Fair Cambridge, par J. Bretherton. En noir.

92 — Englishman at Paris, 1767, par J. Bretherton. En couleur.

BURKE

93 — Her Grace the Dutchess of Richmond, d'après Downman. Buste dans un ovale in-4. Rare.

CALLOT (J.)

94 — La Tentation de saint Antoine (M. 139). Troisième état. Marge.

CAMPION

95 — Vues de l'Italie et de la Grèce, par Chapuy. En couleur. 8

CARDON (A.)

96 — Angelica *Catalani*, d'après C.-M. Pope, 1812. In-fol. Grand portrait en pied. Marge.

CARICATURES

97 — La Walse, en couleur. Pièce anglaise tirée de la suite du *Bon Genre*.

98 — Le *Bon Genre*. Pièces tirées de cette suite. En couleur. Avec marges. 19

99 — Lady Cauchemar au Café des mille Colonnes. En couleur.

100 — Le Colin-Maillard. Pièce sur le mariage publiée chez Martinet. En couleur. Marge.

101 — Caricatures sur les contributions directes (Rats de caves). En couleur. 5

102 — Pièces tirées du journal *La Caricature*. 40

103 — Scènes populaires, par Pigal, etc. 19

104 — Caricatures sur Louis Philippe, Charles X, etc., par Traviès, Ch. Jacque et autres. 36

CARICATURES ANGLAISES

105 — Parisian Ladies in their Winter Dress for 1800. Pièce satirique sur les modes françaises, publiée en 1799 par S. W. Fores. En couleur.

106 — A Practical Joke or a Trick upon Travellers. In-fol. en largeur. 1810. En couleur. Rare.

107 — A Spanish Beauty. Pièce satirique sur la mode, publiée en 1827, par S. W. Fores. En couleur.

108 — Originals. Pièce sur la mode. En couleur.

109 — Going in State to the House of Peers; or a Picture of English Magnificence !!! Pièce satirique contre W. Pitt et le prince de Galles, publiée en 1789 par W. Holland. En couleur. Rare.

110 — Modern Elegance. Pièce publiée en 1795 sur la princesse de Galles, par H. Humphrey. En couleur.

111 — **Gillray** (G). A March to the Bank. Grande pièce en largeur, publiée en 1787 par S. W. Fores. En couleur.

112 — **Newton** (R.). Wearing the Breeches. Publiée en 1794 par W. Holland. En couleur.

113 — After Duty. Publiée en 1797, par R. Newton. En couleur.

114 — **Wigstead** (H.). The Bachelor, — The Married Man. Deux pièces faisant pendants, gravées par S. Alken, et publiées en 1786 par H. Brookes. En couleur. Marges. Très rares.

115 — **Woodward** (d'après G. M.). The Saracens Head on Snow Hill, — The Belle Savage on Ludgate-Hill. Deux pièces en couleur faisant pendants, gravées par Will, et publiées en 1808, par S. W. Fores. Rares.

116 — The effects of Prosperity. Publiée en 1794, par S. W. Fores. En couleur.

CARICATURES ANGLAISES

117 — An Alarming situation. Pièce satyrique sur le prince et la princesse de Galles, par C. Lambe, et publiée en 1803. En couleur.

118 — Pious Propensities, or Clerical Dissipations. Pièce satyrique sur le clergé anglais. En couleur.

119 — A Collection of Hobgoblins. Suite de grimaces dédiées aux administrateurs du Spleen et de l'Hystérie. En couleur.

CARINGTON BOWLES ET R. SAYER (pièces publiées par)

120 — A Morning Excursion, — Sally rescued by Thomas, — Seasonable Inducement, — Summer Amusement, — The Farewell Glass, — Levers, — Health and contentment. Ovales in-4. Marges. 7

121 — The First Interwiew, or Happiness sacrificed to Riches. En couleur. Rare.

122 — Polly's Lamentation. Marge.

123 — The Drunkard's Arms (Les armes d'un ivrogne). Pièce publiée en 1783.

124 — Charlotte, Queen of Great Britain. Publiée en 1790, par R. Sayer. En couleur.

125 — The Fair Shepherdess. En couleur. Marge.

126 — The Boarding School Hair Dresser, — A Hint to the Husbands. Deux pièces sur les coiffures, publiées par R. Sayer en 1774-77.

CARMONTELLE (d'après L.-C. DE)

127 — La Malheureuse famille Calas, par Delafosse. Toute marge.

CHALON (d'après A.-E.)

128 — Beauty and Affection. In-fol., par Lewis. Marge.

CHALON (d'après A.-E.)

129 — H. R. H. Princess Charlotte of Wales and of Saxe Cobourg, par H. Meyer. Publiée en 1816, par Ackermann. Marge.

130 — Queen Mab, par W. Say.

CHALON (J.-J.)

131 — Souvenirs de Paris. Très intéressantes compositions en couleur. Toutes marges. 17

CHAPONNIER

132 — Pensée d'amour. In-fol. en largeur. En couleur.

CHARLET

133 — Essais à l'eau-forte. Dans un carton. 12

134 — Le soleil luit pour tout le monde, — Réjouissances publiques, — Songe d'un français, etc. 9

135 — Portrait de Charlet, par lui-même, — Costumes militaires, — Sujets tirés d'albums, etc. 70

CHEVILLET (J.)

136 — Le Bon exemple, d'après Hellmann. Marge.

CIPRIANI (d'après B.)

137 — Le Char de Vénus. In-4. Publiée en 1787, par Simpson. En couleur.

138 — Chiron apprenant à Achille à tirer de l'arc, par Neagle.

CIVIL

139 — Comparaison du bouton de rose. Petite pièce in-8, publiée chez Civil.

COCHIN (d'après C.-N.)

140 — Concours pour le prix de l'étude des têtes et de l'expression, par Flipart, — Hommage des arts, par Prevost. 2

COOPER (R.)

141 — Portraits de la reine *Caroline* et du comte *Bergami*. Deux pièces faisant pendants.

COPIA

142 — La belle Nina, d'après Devosges. Avant la lettre· Marge.

CORBETT (C.)

143 — Mrs *Brooks*. In-folio à la manière noire.

COSTUMES

144 — **La Mésangère.** Pièces tirées du *Costume Parisien*. Années 1806 à 1829. En couleur.   215

145 — Travestissements, costumes de divers pays, etc. En noir et en couleur.   83

COSWAY (d'après)

146 — Son portrait par elle-même. In-4, au pointillé.

147 — Maria and Harriet Falconar, par E. Scott, d'après R. Cosway. Deux portraits dans un médaillon rond. En bistre. Rare.

148 — Divine Instruction, — Worldly Instruction. Deux pièces in-4 faisant pendants, par Condé. Marges.

149 — Going to the Temple. Pièce in-fol. en hauteur, gravée par Tomkins, d'après Maria Cosway.

COYPEL (d'après Ch.)

150 — Madame de (Mouchy) en habit de bal, par L. Suruge, 1746. Avec la première adresse.

CRUICKSHANK (d'après G.)

151 — Julia's Journey to London, par Mays. In-4, en couleur. Rare.

DARDEL

152 — La Musique, — La Poésie lyrique. Deux pièces de forme ovale faisant pendants. En couleur.

DAULLÉ (J.)

153 — J. B. *Coignard*, — P. A. *Le Mercier*, imprimeurs parisiens. D'après Voiriau et Vanloo.   2

DAUMIER

154 — Pièces tirées du journal *la Caricature*, — Mœurs conjugales, etc.   26

DAWE (d'après G.)

155 — H. R. H. The duchess of Kent, par T. Woolnoth.

DEBUCOURT (P.-L.)

156 — La Promenade publique. En couleur. Encadrée.

157 — La Croisée. En noir. Marge.

158 — Les Visites. En couleur.

159 — Les Petits Messieurs, ou les Adolescens à la mode. En couleur.

160 — Le Tailleur. Toute marge.

161 — Le Coeffeur. Grande marge.

162 — La Femme et le mari, ou les Époux à la mode. Marge.

163 — Route de Poissy, d'après Vernet. En couleur.

164 — Route de Saint-Cloud, d'après Vernet. En couleur.

165 — Promenade anglaise, — Le Cosaque galant, d'après C. Vernet. En couleur.   2

166 — Tambours Russe et Anglais, — Militaires de la garde impériale russe et allemande, d'après C. Vernet. En couleur.   2

167 — Militaires écossais, — Militaires anglais, d'après C. Vernet. En couleur.   2

DEBUCOURT (P.-L.)

168 — Adieux d'un Russe à une Parisienne, — Uhlan prussien, — Officiers prussiens, d'après C. Vernet. En couleur.　　3

169 — La Mariée. Grande pièce in-fol. en largeur. Marge.

DEBUCOURT (d'après P.-L.)

170 — Le Juge, ou la Cruche cassée, par J. J. Le Veau. Toute marge.

DECAMPS

171 — Pièces tirées du journal *la Caricature*, — Sujets tirés d'albums, etc.　　26

DELACROIX (E.)

172 — Lion terrassant un serpent, — Hamlet, etc.　　22

DEMARTEAU (G.)

173 — La Famille du satyre, d'après Le Barbier. En couleur.

174 — Femme assise dans un jardin et cousant, d'après Boucher (?). En couleur.

DESRAIS (d'après C.-L.)

175 — Le Contrôleur de Toilette, par Mixelle. Très belle épreuve en couleur de cette jolie petite pièce. Très rare. Encadrée.

176 — L'Egalité, — La Liberté. Deux jolies petites pièces en couleur, de forme ronde, faisant pendants. Gravées par Phélippeaux et publiées chez Basset. Toutes marges. Rares.

DE TROY (d'après J.-B.)

177 — La Peste dans la ville de Marseille, en 1720, par Thomassin. Grand in-fol. Epreuve doublée.

DEVÉRIA (A.)

178 — Alfred de Vigny, — Henri Herz. In-fol. Sur chine.　　2

DEVÉRIA (A.)

179 — Sujets gracieux en noir et en couleur, — Costumes, etc. 73

DICKINSON (W.)

180 — Lydia, d'après W. Peters. A la manière noire.

DIVERS

181 — **Éventails.** Jolis sujets peints sur soie ou gravés. En noir et en couleur. 4

182 — Lithographies, par Grèvedon et autres. 30

183 — Petits sujets dits de tabatières, d'après Watteau, Duflos et autres. 34

184 — **Métiers** (Pièces sur les), par Bouchardon, Valck, etc. 23

185 — **Jeu** de l'Amour et de l'Hyménée. En couleur, etc. 12

186 — Ex-libris français et étrangers, anciens et modernes. 60

187 — Un autre lot. 60

188 — Portraits d'hommes célèbres. Grande lithographie de forme ovale, en couleur, par J. W. Giles, publiée en 1856 à Londres. Très curieuse pièce contenant plus de 100 portraits. Rare.

189 — Naufrage de M. M. de La Borde, sur les canots de La Peyrouse, au port des François, dans la Californie, par Dissart, d'après Crépin. Grand in-fol. en largeur.

190 — Louis XVIII, d'après F. Gérard, — Naissance du duc de Bordeaux, par Lignon, d'après Fragonard. In-fol. Marges. 2

191 — Mort de Coligny. Avant la lettre, — Adam et Eve, par Cazenave, etc. In-folio. 3

192 — **Vues intérieure et extérieure du Vatican.** Deux grandes pièces de deux feuilles chacune.

DOWNMAN (d'après J.)

193 — Sujets tirés de Tom Jones. Deux pièces faisant pendants, par P. Simon, 1789.

DREVET (P. et C.)

194 — *Vintimille* (Ch. G. de), évêque de Marseille, d'après Rigaud, — L. de La Vergne de *Tressan*, archevêque de Rouen, d'après Vanloo.   2

DREVET (à Paris, chez P.)

195 — Le Jugement dernier, d'après Jean Cousin. Très grande composition en neuf feuilles.

DUFLOS (C.-L.)

196 — *Ballard* (Robert), imprimeur de musique, 1666, d'après Le Fèvre.

DUTHÉ

197 — Départ pour le Collège, — Retour du Collège, d'après Busset. Deux pièces faisant pendants. En couleur. Marges.

198 — Ha qu'il est drôle, — Comme elle est raisonnable, d'après Leroy de Liancourt. Deux pièces en couleur faisant pendants.

EARLOM (R.)

199 — L'Intérieur du Panthéon de Londres, In-fol. à la manière noire. Restaurée.

200 — A Flower Piece, — A Fruit Piece, d'après Van Huysum. In-fol. à la manière noire. Deux pièces faisant pendants.

ÉCOLE ANGLAISE DU XVIIIᵉ SIÈCLE

201 — Dudu. Joli portrait de femme du commencement du siècle. En couleur, toute marge.

202 — Pleasure of Childhood, — Affection and Pleasure, — Resting, — After travelling, etc. Suite de six pièces, par Thielcke.

203 — Mme Catalani, célèbre chanteuse du commencement du siècle, par J. C. Riuara. Avant la lettre, sur chine.

ÉCOLE ANGLAISE DU XVIIIᵉ SIÈCLE

204 — Courtship, de Gaugain, d'après Milbourn, — Lindor and Clara, d'après Wheatley. 2

205 — Les Charmes de l'amour, par Schenker, — Girl at a Cottage door, etc. 5

206 — Tempérance, — Intempérance. Deux pièces faisant pendants, d'après Crowquill. A la manière noire.

207 — Etudes de têtes, par I. Inskipp. Jolie réunion de têtes de femmes. 13

ÉCOLE FRANÇAISE DU XVIIIᵉ SIÈCLE

208 — Les Grâces françaises, — Les Grâces poissardes. Deux pièces en couleur faisant pendants, publiées chez Basset. Toutes marges.

209 — Ah! si j'te tenais, — Je t'en ratisse. Deux pièces faisant pendants, avec chanson dans le bas. Grandes marges.

210 — **Incroyables.** — La Folie du jour, par Tresca. Toute marge.

211 — Point de Convention, par Tresca. Toute marge.

211 *bis* — Les Croyables au Pérou, par E. Sansom, d'après C. Vernet. Pièce publiée en Angleterre. En couleur.

212 — Hélas! de vous à moi tel est la différence!!! — The suprême bon ton. En couleur. 2

213 — L'Amour voulant se fixer, — L'Astronomie, etc. 5

ÉDELINCK (G.)

214 — *Mansart* (J. Hardoin de), d'après Rigaud, — C. M. *Le Tellier*, — Cæsar d'*Estrées*. 3

ÉON DE BEAUMONT (pièces sur le **chevalier** d')

215 — Mlle la chevalière d'*Eon de Beaumont*, par Chambars. d'après Cosway. Petit portrait in-8 imprimé en bistre. Rare.

ÉON DE BEAUMONT (pièces sur le chevalier d')

216 — Ch. G. L. A. A. T. d'*Eon de Beaumont*, coiffée d'un casque. In-8. Toute marge.

217 — Masque du chevalier d'*Eon*, par Turner. Pièce anglaise publiée en 1810. Toute marge,

218 — Minerve gauloise, médaillon par J. Condé, — Portrait d'*Eon de Beaumont*, par Daniell.   2

219 — D'*Eon de Beaumont*, par Le Beau, d'après Desrais, — Plus deux autres.   3

ESCRIME (pièces relatives à l')

220 — Vignettes, portraits, etc.   13

221 — Brevet de contrepointe, — Brevet de Garde nationale, etc.   3

FRAGONARD (d'après H.)

222 — Sacrifice de Callirhoé, par Danzel. Grande pièce in-fol. en largeur. Grande marge.

FRESCHI

223 — My Dog, d'après Lodder. Jolie pièce en couleur, publiée par Dickinson en 1824.

224 — Sleep, — Awake. Deux pièces in-4 faisant pendants.

GATINE

225 — Ouvrières de Paris, d'après Lanté. En couleur.   15

GAVARNI

226 — Un Bal à l'Opéra, — Un Souper à la Maison-d'Or. Deux lithographies en couleur, faisant pendants. Marges.

227 — Perles et Parures, fantaisie par Gavarni. Avec la dentelle.   27

228 — Perles et Parures, — Costumes divers.   26

GIRARDIN

229 — Agnès *Sorelle*, morte au château de Ménil le 9 février 1449. Ovale in-fol.

GÉRICAULT (d'après)

230 — Cavalier arabe tuant son adversaire. Belle pièce à la manière noire, par S. W. Reynolds. Avant la lettre. A toute marge.

GIFFART (P.)

231 — *Maintenon* (Françoise d'Aubigné, marquise de). Beau portrait dans un ovale in-fol.

GILLOT (C.)

232 — Feste de Faune, de Bacchus, de Pan, de Diane.   4

233 — Arlequin soupirant, — Costumes de bal, etc.   8

GRANDVILLE (J.-J.)

234 — Pièces tirées du journal *La Caricature*. En noir et en couleur.   17

GREEN (d'après J.)

235 — Joseph-Charles *Horsley*, par R. Cooper. Joli portrait d'enfant. En couleur,

GUYOT

236 — Vue du port de Naples, — Vue de Tivoli, etc. Jolies vues de forme ovale, en couleur, grandes marges.   4

HAMILTON (d'après W.)

237 — Girl and Pigeons, — Boy and fighting cocks. Deux petites pièces ovales faisant pendants, gravées par Bartolonii. En couleur.

238 — Le Matin, — le Soir, par Conté. Deux pièces faisant pendants, en couleur.

HÉMERY (A.)

239 — La Fidélité surveillante, d'après Deshayes; in-4. Marge.

HENRIQUEL-DUPONT (d'après)

240 — Mlle Juliette *Lenormand*, par Mme Louise Girard.
Avant la lettre.

HILAIRE (d'après J.-B.)

241 — L'Esclave heureux, par J. Mathieu.

HOIN (d'après Cl.)

242 — L'Écueil de la Sagesse. Rare épreuve [du] premier
tirage, avant la chemise baissée.

243 — La même estampe, terminée.

HOPPNER (d'après J.)

244 — The Wood Girl, par Gisborne, à la manière noire.

245 — Love Enamoured, par P. W. Tomkins. Publiée par
Walker en 1789. Marge.

246 — The R. H. Charlotte, viscountess *Saint-Asaph*, par
Cooper. Toute marge.

247 — Lady Gertrude *Villiers*. Toute marge.

248 — Lady Charlotte *Duncombe*. Toute marge.

HUET (d'après J.-B.)

249 — La Bergère satisfaite, par Bonnet. En couleur.

250 — L'Espoir heureux, par Bonnet. En couleur.

251 — L'Amour offrant des présents à Arianne, par Bonnet.
En couleur. Coupée au trait carré.

252 — L'Heureux accident, par De Lacour. En couleur,
marge.

253 — Le Jeu de la balançoire, par Bonnet. Pièce tirée de la
suite des Jeux d'enfants. En couleur, grande marge.

254 — Le Jeune berger, par Demarteau. Aux trois crayons.

HUMPHREY (d'après O.)

255 — *Youth.* Joli portrait de jeune fille, dans un médaillon, par **T. Ryder.** Marge.

INGRES (d'après)

256 — Mort de Léonard de Vinci, par Richomme. In-fol.

JANINET (F.)

257 — *Crillon* (Louis de Berton, dit le Brave), d'après Le Barbier. En couleur, marge.

258 — *Sully* (le duc de). En couleur, coupé à l'ovale.

259 — Petites vues de la Grèce et autres, de forme ronde. En couleur.   6

260 — Vues de Paris. In-4. Marges.   7

JANINET (à Paris, chez)

261 — *Loménie de Brienne* (Et. Ch. de), d'après Cossard. En couleur.

262 — La Belle jambe, par Gilbert, d'après Parelle. A la sanguine, toute marge.

JAZET (J.-P.-M.)

263 — Les Occupations de l'hiver, — L'Aveugle en danger, — L'Ermite bienfaisant. En couleur.   3

JONKINS (J.)

264 — A Country Race course, with Horses preparing to Start, — A Country Race course with Horses Running. Deux pièces faisant pendants, d'après **W. Mason.** Dans la seconde pièce, la femme qui est en voiture, à gauche, représente le portrait de **Mrs. Fitzherbert.** Très belles épreuves, encadrées. Très rares.

KAUFFMANN (d'après Angélica)

265 — Palemon and Lavinia, — Ariadne awaked from sleep. Deux pièces de forme ovale, faisant pendants, par **Taylor** et **Facius.** Marges.

KAUFFMANN (d'après ANGÉLICA)

266 — Caractacus, king of the Silures, delivered up to Ostorius. Ovale en bistre, par Mac-Donald. Sur soie.

KLAUBER (J.-S.)

267 — *Allegrain* (Christian-Gabriel), d'après Duplessis. In-fol. avant la lettre, — Christophe de *Beaumont*.   2

LA FONTAINE (illustrations pour les CONTES DE)

268 — **Lancret** (d'après N.). — La Servante justifiée, par De Larmessin. Marge.

269 — La Jeunesse, par De Larmessin. Avant l'adresse de Buldet.

270 — La Jument du compère Pierre, par De Larmessin. avant l'adresse de Buldet.

271 — **Le Villageois qui cherche son veau**, par De Larmessin. Marge.

272 — **Suite de quarante vignettes**, d'après Monnet, Sergent, Desenne, Duplessis-Bertaux, etc., pour illustrer les Contes. Huit sont avant la draperie. Avant la lettre.

273 — Vignettes pour illustrer les Contes.   19

274 — Portraits. Illustrations des Contes, etc.   86

LAMI ET MONNIER

275 — Voyage en Angleterre. Dix-huit pièces coloriées, en livraisons, avec texte.

276 — La Vie de château (première suite). Suite complète de dix pièces coloriées.

LANDRY (P.)

277 — *Favre* (F.), évêque d'Amiens, — P. Nebout de *La Brousse*.   2

LA TOUR (d'après M.-Q. DE)

278 — Ch. Richer de Roddes de *La Morlière*, par Lépicié. Rare épreuve du premier état, avant toute lettre et avant les armes. On y a joint le même avec la lettre.   2

279 — Marie G. L. de *La Fontaine*. Solare de *La Boissière*, par Petit. Marge.

LAVREINCE (d'après N.)

280 — La Comparaison, par Janinet. In-fol., en couleur. Encadrée.

LAWRENCE (Th.)

281 — Miss *Blotam*, par Lewis, — Miss Allice *Lee*, etc. Marges.   5

LE BAS (J.-P.)

282 — Le Devoir maternel, d'après Lépicié. Jolie petite pièce avec dédicace à Mme Lebret. Marge.

LE BRUN (d'après Mme)

283 — H. R. H. The duchess of York, par Bourlier. Joli portrait de femme, in-4.

LE CLERC (d'après)

284 — Le Jeu de l'escarpolette, — Les Baigneuses. Deux pièces faisant pendants, par Deny. Grandes marges.

LE MIRE (N.)

285 — *Jeanne d'Arc*. Très petit portrait représentant Jeanne en costume de guerre. Rare.

LENFANT (J.)

286 — *Coislin* (P. de Camboust de), évêque d'Orléans, — *Favre* (F.).   2

287 — *Rochechouart* (G. de Sève de), évêque d'Arras, — *Favre* (F.), évêque d'Amiens.   2

LOIR (N.)

288 — Desseins d'Euentails et Écrans, par N. Loire. A Paris, chez N. Langlois, rue Saint-Jacques, à la Victoire auec Privilège. Suite complète de huit pièces. Rares.

LOUVION (J.-B.)

289 — Le Repos, d'après Cheveau. Pièce in-4. ovale, en couleur.

LUIKEN (Jan)

290 — Nantes (Édit de). La Publication et la Révocation de l'Édit (1599-1685). Deux pièces fort intéressantes.

MACRET (C.-F.)

291 — Vue de l'Explosion du magasin à poudre d'Abbeville, le 2 novembre 1773, d'après A. Choquet.

MARCENAY (A. DE)

292 — La Pucelle d'Orléans, portrait de Jeanne d'Arc en costume de guerre. Marge.

MARIE-ANTOINETTE et LOUIS XVI (pièces relatives à)

(Voir aussi la Révolution.)

293 — Louis XVI et Marie-Antoinette, par Sullin et Duponchelle. Deux portraits in-4 faisant pendants. Toutes marges.

294 — Silhouettes de Louis XVI et de Marie-Antoinette. Deux médaillons avec entourage de fleurs. Très rares.

295 — *Louis XVII* (réunion de portraits de).		8

296 — Louis XVI, en couleur, — Marie-Antoinette, etc.		17

297 — Marie-Antoinette, par Mlle Brenet, — Louis XVI en costume de sacre, etc.		14

MASSON (Ant.)

298 — *Hardouin de Pérefixe*, né à Poitiers, évêque de Rodez, d'après Mignard.

MASSON (Ant.)

299 — *Marin*, — *C. Patin*, médecins.		2

MELLAN (Cl.)

300 — Sujets divers,°— Allégories, etc.		**28**

METZ (C.-M.)

301 — Jeux d'enfants, Amours. Suite de six pièces dessinées à la manière du crayon et légèrement rehaussées de couleur. Toutes marges.

MILITAIRES (costumes)

302 — **Finart**. L'Allemande à deux, — L'Aimable prussien, — Uniformes russes, — L'Autrichien sentimental. Coloriés. Marges.		4

303 — **Martinet** (à Paris chez). Discipline militaire du Nord, Soldats de l'armée russe, — Rencontre d'officiers Anglais et Ecossais à Paris. Etc. En couleur. Marges.		9

304 — **Philippoteaux**. Costumes militaires coloriés.		42

305 — **Alix et Jazet**. Militaires russes d'après Sauerweid. En noir et en couleur.		10

306 — **Lalaisse**. République Française. Coloriés.		29

307 — Costumes militaires. In-fol. en largeur. Coloriés.		11

308 — **Vernier et Lalaisse**. Costumes de l'armée française, etc. Coloriés.		22

309 — **Eug. Lami**. Collection des armes de la cavalerie française. Grandes planches en noir, toutes marges.		2

310 — **Armée française**. En noir et en couleur.		50

311 — **Armées étrangères**. En noir et en couleur.		45

312 — **Italie**. Suite complète de trente-deux lithographies coloriées.

313 — **Wurtemberg**. Suite complète de trente-six pièces à plusieurs costumes sur la feuille. Coloriées. Dans le carton de publication.

MILITAIRES (costumes)

314 — **Prusse.** Suite complète de neuf pièces en chromolithographie.

MONNIER (H.)

315 — Galerie théâtrale, lithographie de H. Gaugain. Onze pièces en noir et coloriées, plus le titre.   12

316 — Péchés capitaux, la plupart coloriés. Quinze sujets sur huit feuilles.

317 — Grisettes, — Vie de château, — Récréations, etc. En noir et coloriés.   27

318 — Impressions de voyage, — Récréations, — Galerie théâtrale, etc. En noir et coloriés.   37

319 — Revue lithographique, ou Album général des dessins des meilleurs artistes. Seize planches dans la couverture de publication.

320 — Petites félicités humaines, — Gens sans façons, — Parades, etc., par Monnier et autres.   36

MOITTE (d'après J.-J.)

321 — La Curiosité punie, par Deny. Marge.

322 — La Surprise agréable, par Vidal.

MONNET (d'après Ch.)

323 — Salmacis et Hermaphrodite, par Vidal. Marge.

324 — Renaud et Armide, par Vidal.

MOREAU (d'après J.-M.)

325 — Memnon, ou l'Écœuil du sage, par Vidal. Marge.

326 — Ouverture des Etats-Généraux à Versailles, 5 mai 1789, — Constitution de l'Assemblée nationale, 17 juin 1789. Deux pièces in-fol. en largeur, faisant pendants, avec le titre en petits caractères et la légende, effacée plus tard, donnant les noms des communes et des députés.

MORIN (J.)

327 — *Vitré* (Antoine), imprimeur, d'après Ph. de Champagne.

328 — *Villemontée* (E. de), — *Tubœuf* (Jacques), — *De Thou* (A. et J.-A.).   4

329 — *Longueil* (René de), — *Talon* (Omer), — *Richelieu* (J.-B. de Vignerod, abbé de).   3

MORLAND (d'après G.)

330 — Setters, — The Fisherman's Dog. Deux pièces faisant pendants, par Reynolds. En couleur.

331 — A Visit to the boarding School, par W. Ward. En couleur. Encadrée.

332 — A Tea Garden, — The Parc Saint-James, par Rollet. Deux pièces en couleur de forme ovale faisant pendants. En couleur. Encadrées.

333 — (The Tavern Door). Pièce in-fol. publiée en 1793 par D. Orme. En couleur.

334 — (A Laundress). In-fol. En couleur.

335 — (Boy Watering à Horse). En couleur. Marge.

336 — (Hay-makers). In-fol. en largeur. En couleur.

337 — (Feeding Horses). En couleur. Marge.

338 — A Party Angling, — The Angler's Repast. Deux pièces en couleur faisant pendants. Reproductions.

MORLAND (d'après H.)

339 — The Fair Nun Unmask'd. Jolie pièce à la manière noire publiée par Carington Bowles en 1769.

340 — Reading by a paper bell Shade, par P. Dawe. In-fol. à la manière noire.

MORNER (H.)

341 — Scènes populaires de Naples, en douze tableaux, dessinées et lithographiées par H. Morner. 1828. Paris, chez Gihaut. Cahier complet avec le titre. En couleur.

NANTEUIL (R.)

342 — *Le Bouthillier* (Victor), archevêque de Tours. 1631. 1ᵉʳ état, avant la lettre.

343 — *Gillier* (Madame de).

344 — *Beaumanoir* (Ph. de), — *Neufville* (F. de), etc.   3

345 — *Suze* (L. de), — *Servien* (Mgr F.), — *Matignon* (L. de).   3

NAPOLÉON (pièces relatives à)

346 — La France reconnaissante proclame Napoléon 1ᵉʳ, empereur des Français, par Roger, d'après C. Vernet. Toute marge.

347 — Le même sujet traité différemment, par David. Grand in-fol. en largeur. Avant la lettre. Toute marge.

348 — *Bonaparte*, 1ᵉʳ consul, par Levachez. Ovale. In-fol. En couleur, avant la lettre. Marge.

349 — *Bonaparte* premier consul. Beau portrait calligraphique, par Davignon. Marge.

350 — *Napoléon*, empereur des Français, — *Joséphine*, impératrice des Français. Deux portraits faisant pendants, gravés par Buguet. En couleur.

351 — Au Vainqueur d'Austerlitz. Joli petit portrait de Napoléon, en couleur, dans un médaillon entouré de branches de laurier. Autour est un tableau des victoires remportées par l'Armée française. Superbe pièce en couleur, gravée par Roy et Lachaussée. Toute marge. Très rare.

352 — *Buonaparte* First consul of France. In-fol. à la manière noire, par S.-W. Reynolds.

353 — S. A. I. le prince *Eug. Napoléon*, par P.-M. Alix. In-fol. En couleur. Marge.

354 — *Marie Louise*, archiduchesse d'Autriche, impératrice des Français, par Hamble, d'après Prud'hon. Beau portrait en pied, en costume de cour. Marge.

NAPOLÉON (pièces relatives à)

355 — *Napoléon,* — *Joséphine.* Deux portraits équestres faisant pendants, publiés chez Jean. Coloriés. Toutes marges.

356 — François-Charles-Joseph, prince impérial (roi de Rome), par Isabey. Avant la lettre.

357 — *Napoléon* empereur, par Audouin, d'après Vauthier. Buste dans un ovale. Marge.

358 — *Hortense,* duchesse de Saint-Leu, ex-reine de Hollande. Joli petit portrait représentant la reine Hortense jouant de la harpe. Marge. Rare.

359 — *Marie Louise,* duchesse de Parme. Avant la lettre.

360 — *Bonaparte,* accompagné du général Berthier, à la bataille de Marengo, au moment de la victoire. In-fol., par Cardon, d'après Boze. Rare.

361 — Une victoire par jour. Almanach militaire dédié aux Braves pour l'année 1819. Calendrier en deux feuilles, par Pélicier.

362 — Vue de la place de la Concorde pendant les fêtes du sacre de l'Empereur (3 décembre 1804). In-fol. en largeur, par Gautier et Marchand, d'après Le Cœur. En couleur.

363 — Cortège de Sa Majesté l'Empereur Napoléon Ier, par Le Beau, d'après Naudet.

364 — Décoration et Feu d'artifice pour le couronnement de leurs Majestés (16 décembre 1804), par Le Cœur, in-fol. En couleur.

365 — La grande bataille d'Austerlitz, par Rugendas. In-fol. en largeur. En couleur. Marge.

366 — Fête donnée à Bonaparte, au palais national du Directoire, après le traité de Campo-Formio (10 décembre 1797), par Berthault. Avant la lettre.

NAPOLÉON (pièces relatives à)

367 — Journée du champ de Mai (année 1815). Très jolie pièce, par Berthault, du 1er tirage.

368 — Vue intérieure de l'Assemblée du Champ-de-Mai au moment de la présentation des drapeaux, — Seconde vue du Champ-de-Mai et de la prestation du serment par les troupes. Deux pièces, par Jazet et Alix, faisant pendants. Margès.

369 — The Disgraceful Flight of Bonaparte from the Battle of Krasnoi (novembre 1812), — The Dreadful Miseries of the French Army Enbivouac, surprised by the Russian Cossaks. Deux pièces in-fol. en largeur faisant pendants, gravées et publiées par J. Hassel en 1813. Curieuses satires sur Napoléon et la grande armée. En couleur. Marges. Rare.

370 — Napoléon, le corps entouré d'un serpent, à cheval sur l'Ambition, s'efforce d'arrêter la marche des Alliés. Pièce gravée par W. Heath et publiée en 1814, par Ackermann. En couleur. Très rare.

371 — Congé absolu, par Godefroy, d'après Vernet, — Cartouche entouré d'une guirlande de fleurs. En couleur. Etc.   3

372 — Funérailles de l'Empereur Napoléon. Cahier de six lithographies, par Férogio et Girard, avec le titre.   7

373 — Napoléon, par Charlet, — Bataille, etc.   13

374 — Recueil des décorations exécutées dans l'Eglise de Notre-Dame-de Paris pour la cérémonie du 11 Décembre MDCCC IV. Cahier complet de 12 planches.

375 — Napoléon, — Marie-Louise, etc.   27

376 — Visite de leurs Majestés Impériales l'Empereur et l'Impératrice des Français à la reine d'Angleterre, en 1855. Publication in-fol. comprenant huit planches lithographiées et le texte.

NAPOLÉON (pièces relatives à)

377 — La Bataille d'Iéna ou la Mort du duc de Brunswick, — La Bataille d'Esling ou la Mort du duc de Montebello. Deux grandes pièces en largeur, par Wolff, d'après C. Vernet. Marges.

378 — Arcole, par Jazet, d'après H. Vernet. In-fol. Avant la lettre.

379 — Charte constitutionnelle (1814), par Jazet, d'après Gosse.

380 — Séance du Corps législatif à l'Orangerie de Saint-Cloud. In-fol. en largeur, par F. Bartolozzi. Avant la lettre.

381 — Prise de la redoute Kabrunn (1813), par Jazet, d'après H. Vernet.

382 — *Eugène Napoléon*, par Rados, d'après Bosio. In-fol. Marge.

383 — Joseph Napoléon, par Rados, d'après Bosio. In-fol. Grande marge.

384 — Napoléon entouré des généraux les plus célèbres de son temps, — Demande en mariage de l'Archiduchesse Marie-Louise, par le prince de Neuchatel, au nom de l'Empereur Napoléon 1er. In-fol. **2**

NATTIER (d'après)

385 — La Belle Source (portrait de Mme de Pompadour), par Melini.

386 — L'Eau, Mme Marie-Louise-Thérèse-Victoire de France, par Gaillard.

387 — *Cette liqueur brillante et pure....* In-4 en largeur.

NORTHCOTE, RUOTTE et KINGSBURY

388 — Histoire de Charlotte et de Werther. Trois pièces rondes imprimées en bistre, à toutes marges.

3

ORNEMENTS

389 — *Alphabets*, par Audinet et Tytler.   2

OWEN (d'après W.)

390 — Elisabeth Laura Henrietta, fille de Lord W. *Russel*, par Meyer. Joli portrait d'enfant, à la manière noire.

PAROY (Cte DE)

391 — Gil Blas dans la caverne des voleurs (1786). Avant la lettre. Grande marge.

POILLY (N.)

392 — Mlle de Montpensier. Deux portraits différents.

POLLARD (R.)

393 — Vue du chœur de Saint-Paul, le 23 avril 1789, d'après É. Dayes. In-fol à la manière noire.

PORTRAITS

394 — Diane Françoise de *Rochechouart*, marquise de *Montespan*, par Gose, d'après Vischer.

395 — Louise de La Beaume Le Blanc, duchesse de *La Vallière*, par Gose, d'après Plaats.

396 — Liberté rendue à ceux qui étaient disgraciés, fugitifs, exilés ou prisonniers pour les affaires de l'Eglise, l'an 1715. Très curieuse pièce in-fol. en largeur. Marge.

397 — Mme *Du Barry*, — A. de *Melun*, — A. M. *Martinozzi*. etc.   4

398 — Dame Julie de Villeneuve Vence de *Saint-Vincent*, — Mme de *Staël*, etc.   4

399 — **Affaire du Collier**, — Comtesse de *Cagliostro*, — Comtesse de *La Motte*, — Mme d'*Oliva*.   3

400 — Comtesse de *La Motte*, — Baron de *Fages*, etc.   9

401 — Mme de *La Motte*, — Mlle de *La Tour*, — Mme de *Courville*, etc.   6

PORTRAITS

402 — **Imprimeurs et Libraires,** — Ch. A. *Jombert,* — P. *Prault,* — P. *Emery.* 3

403 — Cl. L. *Thiboust,* — *Robert-Etienne,* — P. G. *Simon,* etc. 7

404 — *Saugrain,* par Fiquet, — F. *Léonard,* par Vermeulen. 2

405 — **Jésuites,** — Borgia, — Loyola, — Armes des Jésuites. 3

406 — Le R. P. *Crasset,* — Le P. *Lachaise,* etc. 30

407 — **Protestants,** — *Sully,* par de Marcenay, — *Coligny,* etc. 26

408 — **Ecclésiastiques,** — *Rochechouart,* — *Le Camus, Fleury.* In-fol. 3

409 — G. F. de *Montillet,* — *Séguier,* — *Vintimille,* etc. 9

410 — Cardinal d'*Ossat,* — *Vic.* de *Netz,* — Ch. de *Ségur,* etc. 10

411 — F. de *Clermont-Tonnerre,* — A. de *Harlay,* — *Le Tellier,* etc. 11

412 — J. *Soanen,* — H. de *Sponde,* etc. 5

413 — P. de *Tencin,* — F. *Vialart,* — L. de *Fieschi,* etc. 6

414 — *Bossuet,* — *De Belloy,* — Ch. de *Maupou,* etc. 12

415 — **Peintres, Graveurs,** — *Balechou,* — *Vernet,* — *Largillière,* etc. 8

416 — **Médecins,** — *Foy,* — *Vaillant,* — *Sue,* etc. 8

417 — J.-N. *Moreau,* — S.-F. *Morand,* — J. *Astruc,* etc. 4

418 — Portraits de médecins. 60

419 — Denise *Camusat,* — René *Fremin,* — Maria *Serre,* etc. 7

420 — Chevaliers de Malte, par L. Cars. 30

421 — Rois de France. 44

PRUD'HON

422 — Phrosine et Mélidore, — Choisir l'objet, — L'Enflammer, — En jouir. Quatre pièces in-4, avant la lettre, grandes marges. Rares.

QUÉNEDEY

423 — *D'Arjuson*, — *Bouchesnier*, — *Birchmeyer*, gravés au physionotrace par Quénedey. En couleur.   3

RAFFET

424 — L'ennemi ne se doute pas que nous sommes là, — Ordre du jour, — Abordez l'ennemi franchement, à la baïonnette, — Charge de hussards républicains, etc. 6

425 — Vive l'Empereur !!! — Dernière charge des lanciers rouges à Waterloo, — La dernière charette, — Le moral est affecté chez l'Autrichien, etc.   6

426 — Carré enfoncé, — Vive la République ! — Le représentant a dit, — Italie, 1796, — Secourez la vivandière, etc.   7

427 — Représentant du peuple, 1794, — L'inspection, — De quoi vous plaignez-vous ? — Bonaparte (campagne de Syrie), etc.   7

428 — Prise de Constantine. Douze sujets par Raffet. Album complet.

429 — Pièces du journal *la Caricature*. Sujets tirés d'albums, etc.   30

RAMBERG (H.)

430 — Le Poirier enchanté. En couleur.

431 — La Jument du compère Pierre. En couleur.

RÉVOLUTION (pièces relatives à la)

432 — Vue des travaux du Champ-de-Mars par les Parisiens, l'an Ier de la Liberté, — Confédération des Français à Paris, l'an IIe de la Liberté. Deux pièces in-fol. par Gentot, faisant pendants.

433 — La journée à jamais mémorable aux Français, où Louis XVI, restaurateur de la liberté française, se rendit à l'Hôtel-de-Ville, le 17 juillet 1789. Pièce coloriée, publiée par J. Chereau.

RÉVOLUTION (pièces relatives à la)

434 — Le XIV juillet MVCCLXXXX. Fédération des Français, par Giraud, d'après Meunier, marge.

435 — Serment prêté dans le Jeu de Paume, à Versailles, par messieurs les représentants de la nation, par Le Vachez. Épreuve du premier tirage, à toute marge.

436 — Déclaration des droits de l'homme et du citoyen. In-fol. Publiée par Chereau. Épreuve coloriée.

437 — Liberté, Égalité. Deux pièces faisant pendants, gravées par Janinet.

438 — Louis the XVI, King of France, Attempting to address the Populace, at the place of Execution, — The Death of Marie-Antoinette Queen of France and Navarre. Deux pièces à la manière noire, faisant pendants, publiées en 1794, par Laurie et Whittle.

439 — Prise d'armes aux Invalides, par Janinet. En couleur.

440 — Bastille (vues de la).   6

441 — Mort de Louis XVI, — Marie-Antoinette conduite au supplice, — Dernier supplice de Mme Anne-Elisabeth, etc.   4

442 — Unité, Indivisibilité de la République. Affiche in-fol., coloriée, publiée chez Pillot. Toute marge. Rare.

443 — Café des Aveugles. Pièce in-fol. en largeur, publiée chez Martinet. Épreuve coloriée.

444 — Scène dans l'intérieur de la Bastille, le 14 juillet 1789. In-fol., par Hardener. Marge.

445 — Le jeune Désilles à l'affaire de Nancy, 31 août 1790. In-fol., par Laurent, d'après Le Barbier. Epreuve avant le texte.

446 — La Révolution française, — A la Nation française les Protestants reconnaissants. Deux grandes pièces in-fol., par Duplessis, faisant pendants.

RÉVOLUTION (pièces relatives à la)

447 — The last interwiew Betwen Louis XVI, King of France, and his Family, par Kruichshank. Curieuse pièce publiée en 1793 par S. W. Fores. Épreuve coloriée. Rare.

448 — The Martyrdom of Louis XVI. In-4, publiée en 1793 par S. W. Fores. Épreuve coloriée. Rare.

449 — Lord Mum Overhelmed with Parisian Embraces. Curieuse pièce satirique sur le retour du roi à Paris, publiée à Londres en 1796. Épreuve coloriée.

450 — Santerre, commardant de la garde nationale. Curieux portrait équestre, publié en Italie. Épreuve coloriée.

451 — Pièce satirique sur le gouvernement anglais et le roi George III, publiée à Paris chez Basset. Épreuve coloriée.

452 — Charlotte Corday, etc. Deux portraits différents.

453 — Portraits, — Scènes, etc.   16

454 — Fête de la Liberté, à Amsterdam, 4 mars 1795, — Réponse à la bulle du Pape, etc.   3

455 — La mort du général Marceau (1796). Grand in-fol. par Ingouf, d'après Le Barbier. Toute marge.

456 — Funérailles de Marceau, par Sixdeniers, d'après Bouchot. Grand in-fol.

457 — Déclaration des Droits de l'homme, — Serment du Jeu de Paume, etc. In-fol.   3

REYNOLDS (d'après sir J.)

458 — Vénus, par J. Collyer. Publiée en 1786 par Dickinson.

459 — Miss Francis *Cholmondeley*. In-fol. à la manière noire, par G. Marchi.

460 — The Fortune Teller. In-fol. par Sherwin.

461 — Countess of *Hyndford*. A la manière noire, par J.-M. Ardell.

REYNOLDS (d'après sir J.)

462 — Sir William *Chambers*. In-fol. à la manière noire par V. Green.

463 — Elisabeth, countess of *Northumberland*. In-fol. à la manière noire, par Fisher.

464 — Ch. *Saunders*, esq. lieutenant-général de la marine anglaise. In-fol. à la manière noire, par J.-M. Ardell.

465 — The devout cottager. par J.-W. Huffam. En couleur.

REYNOLDS (S.-W.)

466 — La Visite des pauvres parents, d'après Stephanoff. Grande marge.

RIGAUD (d'après H.)

467 — *Rohan* (S. E. le cardinal de), par Drevet, — Le même, par Voyez.
                                                              2

ROMNEY (J.)

468 — Jeux d'enfants, d'après Webster. Deux pièces faisant pendants. Avant la lettre.

ROPS (Félicien)

469 — Portrait de Rops, par R. Kastor. Sur japon.

470 — L'Oncle Claes et la tante Johanna. (Ramiro, page 25). Sur japon. Signée. On y a joint un croquis du maître pour : Ma tante Johanna.

471 — Paysage brabançon (R. 30), — Paysan assis. Deux pièces sur la même feuille. Sur japon. Signées.

472 — Parisine (R. 36), avec le monogramme de l'artiste.

473 — Mon bourgmestre (R. 52), — Le Modèle (R. 53). Deux sujets sur la même feuille. Planche signée.

474 — Orphée (R. 86), avec le monogramme de l'artiste.

475 — La Grève (petite planche), (R. 96). Sur japon. Signée.

ROPS (Félicien)

476 — Frontispice des Œuvres inutiles ou nuisibles (R. 123), une des plus jolies pièces de Rops. Sur japon. Signée. Le maître y a également tracé quelques lignes au-dessous de l'incription de gauche.

477 — La Belle nourrice. Très belle épreuve sur japon. Signée.

478 — Satisfaction. Jolie composition avec de nombreux croquis dans la marge. Avec le monogramme.

479 — L'Amante du Christ. Premier état, sur japon. Signée.

480 — Menus : Le Jockey (R. 219),— Le Dindon (R. 221), etc. 4

481 — Les Epaves (R. 267), — Le Cabinet satirique du xviiᵉ siècle (R. 271). Deux frontispices.

482 — La Légende et les Aventures d'Ulenspiegel et de Lamme Goetzak (R. 278). Suite de vingt-huit planches à l'eau-forte.

483 — Margot la Ravaudeuse (R. 316), — Le Christ au Vatican (R. 332). Deux frontispices.

484 — Le Roman d'une nuit (R. 336). Frontispice. Sur japon.

485 — L'Escole des filles, — Bas fonds de la société, — Souvenirs de Barbizon (R. 338, 339, 349). Trois jolis frontispices.

486 — Anandria, — L'Art priapique, — Le Parnasse satirique, — Le Théâtre érotique (2ᵉ vol.). Quatre frontispices.

487 — Illustrations pour *la Fille Elisa*, etc. 4

488 — Eaux-fortes diverses. 5

ROWLANDSON (T.)

489 — Vauxhall. Réduction de la grande pièce de Pollard. Coloriée.

490 — Reconciliation, or the return from Scotland. Curieuse pièce satirique sur le prince et la princesse de Galles. Publiée en 1785 par W. Hinton. Coloriée. Très rare.

ROWLANDSON (T.)

491 — Sly-Boots. Jolie pièce in-4, ovale, en bistre. Epreuve du premier tirage (1786, chez J. R. Smith). Très rare.

492 — Restoration Dressing Room. Pièce satirique sur la famille royale d'Angleterre. Publiée en 1789 par S. W. Fores. Epreuve coloriée. Rare.

493 — Restoration Dresses. Pièce faisant pendant à la précédente ; publiée à la même date. Coloriée. Rare.

494 — Assaut du chevalier de Saint-George. Pièce publiée en 1791. Coloriée.

495 — A Field Day in Hyde Park. Très curieuse satire sur l'armée anglaise, publiée en 1791 par S. W. Fores. Coloriée.

496 — Carnival at Rome. In-fol. en largeur. Coloriée. Curieuse pièce sur le carnaval.

497 — A French Family, — An Italian Family. Deux pièces in-fol. en largeur, faisant pendants, gravées par S. Alken et publiées en 1792 par S. W. Fores, en couleur. Marges. Rares.

498 — Summer Amusement. Pièce in-fol., publiée en 1800 par Rowlandson. Coloriée.

499 — The two kings of Terror. Death and Bonaparte. Pièce publiée en 1814 par Ackermann. En couleur. Très rare.

500 — The Harmonic Society (Rowlandson, 1811). Coloriée.

501 — A Penny Barber. Curieuse représentation des mœurs anglaises. Pièce publiée par W. Holland. Coloriée.

ROWLANDSON (attribué à)

502 — Le Tableau parlant. Caricature publiée en 1822 par S. W. Fores. Coloriée.

503 — Damme, Jem, she's got a pretty leg ! — Barbarity of a ravisher. Deux petites pièces faisant pendants. Coloriées.

RUGENDAS (J.-L.)

504 — The R. H. *William Pitt*, d'après Heckel. En couleur.

RUSSIE

505 — *Nicholas the First*, grand portrait en pied, par Ryall, d'après Krigekal.

SAINT-AUBIN (d'après Aug. DE)

506 — La Sollicitude maternelle, — La Tendresse maternelle. Deux pièces faisant pendants, gravées par Sergent et Phélipeaux. En couleur.

507 — Le Réfractaire amoureux. Marge.

SAUVÉ (Th.)

508 — *Louis XVIII*, roi de France et de Navarre. Grand portrait en buste. En couleur.

SAY (W.)

509 — Sir Watkin Williams *Wynn*, Bar'; à la manière noire, d'après J. Jackson.

SCHALL (d'après)

510 — Le Prélude de Nina, par Degouy. Très jolie petite pièce de forme ronde.

511 — Histoire de Paul et Virginie. Suite de six estampes gravées par Petit, Legrand, etc. En couleur.

SCHIAVONETTI (N.)

512 — Sir Joseph *Banks*, d'après Phillips. Marge.

SCHMIDT (G.-F.)

513 — *La Tour* (Maurice-Quentin de), d'après lui-même, 1742.

514 — *Le même*, buste sur un chevalet; au fond le portrait de l'abbé Hubert, d'après lui-même, 1772.

515 — *La Mettrie* (J. Offroy de). In-4.

SCHUPPEN (Van)

516 — *Lardeinne* (S. J. Barbot de), — *Le Tellier* (C. M.), — *De Ligny*. Portraits.   3

SERGENT (d'après)

517 — Le Charlatan, par Duplessis. Jolie petite pièce de forme ronde. En couleur. Rare.

SHELLEY (d'après)

518 — Lavinia and her Mother, par T. Ryder. Pièce in-8, de forme ronde. En bistre, sur satin.

SHERWIN (J.-K.)

519 — Jeune femme assise dans un jardin et tenant des roses dans la main. Pièce in-fol. de forme ovale.

SMITH (d'après J.-R.)

520 — The Moralist, par W. Nutter. A toute marge.

521 — Thoughts on Matrimony, par Boillet. Pièce in-4, de forme ovale. En couleur.

522 — The Spartan Boy, par Smith, d'après N. Hone. In-fol., à la manière noire.

523 — Mrs *Conway Hackett*, d'après Riley. A la manière noire.

524 — *Catharina*, Mag. Brit. Regina ; d'après Haysmans. A la manière noire.

SPORT (pièces sur le)

525 — The Vicar of Wakefield at the Race Course, par W. Giller, d'après Wright. Curieuse pièce in-4 en largeur. Rare.

526 — Pichely Hunt. — Suite de huit pièces in-4, par Jukes, d'après Loraine Smith. Pièces publiées en 1790 par Jukes. En couleur.

SPORT (pièces sur le)

527 — The Review of the Queen's own Regiment of Yeomanry Cavalry. Curieuse pièce in-fol., par Papprill, d'après Pringle, publiée en 1839 par Ackermann. En couleur. Rare.

528 — Vue de la promenade principale de la Havane. In-fol., par Garneray. En couleur. Marge.

529 — Warter. — Skylark. Deux portraits de chevaux, par Sartorius. En couleur.

530 — Les Chiens ayant perdu la trace. In-fol., par Debucourt, d'après Vernet. En couleur.

531 — Quatrième suite de chevaux d'après Vernet, par Le Vachez (n° 48). En couleur.

532 — La Chasse au renard, par Alix, — Le départ au galop, — Le Galop, d'après Vernet. Trois pièces. En couleur. Marges.

533 — Eclipse. — Pavillon. Deux portraits de chevaux, par Burke et Hossel.

534 — *Vélocipèdes.* — Anti-Dandy Infantry triumphant. — Vélocipède sentimental. Deux pièces. En couleur.

535 — The Ladies Hobby, — Every one his Hobby. En couleur. 2

536 — *Voitures à vapeur.* — New Principles, or the March of Invention. Curieuse pièce publiée par Hunt. En couleur.

537 — March of Intellect. Publiée par Lean. En couleur.

538 — Vale of Aylesbury Steeple Chase. Suite de quatre pièces par Hunt, d'après Turner. En couleur.

539 — Woodcock shooting, — Pheasant shooting. Suite de quatre pièces par Reeve. En couleur.

540 — Four in Hand, — Royal Mail, etc., par Hunt, Pollard, etc. En couleur. 3

541 — Matilda, — Emilius. Deux portraits de chevaux, par Pollard. En couleur.

SPORT (pièces sur le)

542 — The Right Sort, — The Wrong Sort. Deux pièces faisant pendants, par Alken. En couleur.

543 — The Leamington. 1840. Deux pièces faisant pendants, par Hunt. En couleur.

544 — The Flying leap, — A Mail Change, etc., par Alken et autres. Quatre pièces. En couleur.

545 — Carrosses. Modèles tirés de l'*Encyclopédie*, par Benard, d'après Lucotte.   14

TARDIEU (P.-A.)

546 — L'Espoir du retour, d'après Kimli.

TAYLOR (C.)

547 — Morning, — Evening. Deux jolies petites pièces in-8, faisant pendants. Grandes marges.

TOMKINS (P.-W.)

548 — Poetry, pièce in-4, de forme ovale, d'après Romanelli.

TURNER (Cu.)

549 — Her sacred Majesty Queen *Elisabeth*, d'après l'estampe de Crispin de Passe. A la manière noire.

VANLOO (d'après)

550 — *Sur votre belle main...*, par Chereau (Portrait de Mme de Prie, maîtresse du duc de Bourbon).

551 — Louis XV à cheval, par Thomassin, — Statue équestre de Louis XIV, avant la lettre. In-fol.   2

VAN MEERLLEN (T.)

552 — *Sancy* (Marie-Moreau, Dame de), à l'âge de vingt-cinq ans, — La même, à l'âge de soixante-quatorze ans.   2

VERNET (C.)

553 — Cris de Paris. Lithographies en couleur.   29

VERNET (d'après J.)

554 — Rouen, — Cette, — Toulon (2). Ports de France. 4

555 — Bordeaux, — Bayonne, etc. 4

VILLENEUVE (à Paris, chez)

556 — L'Egalité triomphante, ou le Triumvirat puni. Marge.

VOISARD

557 — L'Innocence inspire la tendresse, d'après Aubry.

VOYEZ

558 — Liberté, — Patrie, etc. Sujets tirés des tableaux de Le Brun. 3

WALKER (J.)

559 — The Italian Fruit Girl, d'après Peters. Jolie pièce de forme ovale, publiée en 1782, par Walker.

WARD (W.)

560 — The King God Bless Him !!! In-fol. à la manière noire, d'après W. Sharp. Grande marge.

WATELET (d'après C. H.)

561 — Marguerite *Le Comte*, par Lempereur. Joli portrait dans un médaillon orné de roses.

WATSON (Th.)

562 — Lady *Gideon*, d'après J. Reynolds. In-fol. à la manière noire.

563 — Mrs Crewe. Joli portrait de femme, d'après Gardner. Avant la lettre. Marge. Rare.

WATTEAU (d'après Ant.)

564 — *Rebel* (J. B.). Compositeur de la chambre du Roy, par Moyreau.

565 — Le Repas de campagne, par Deplace.

WATTEAU (d'après Ant.)

566 — Veuë de Vincennes, par Boucher.

567 — Le Rendez-Vous, — Le Teste à Teste. Deux pièces in-4, faisant pendants, par B. Audran.

568 — La Rêveuse, — L'Amante inquiète. Deux pièces in-4, faisant pendants, par P. Aveline.

569 — La Conversation, par Liotard. In-fol. en largeur.

570 — *Qu'ay je fait assassins maudits*, par Joullain. In-fol.

571 — L'Aventurière, — *Coquettes qui pour voir*. Deux pièces in-4, par Crépy et Thomassin.

572 — Fêtes au Dieu Pan, par Aubert. Etc.

WESTALL (d'après)

573 — Tragedy par T. Cheesman. In-4.

574 — Adelaide, par G. Greham. Pièce de forme ovale, en bistre. Sur satin.

WHITE (W.-J.)

575 — Cherry Ripe, d'après Harper. Jolie pièce publiée en 1827, par White. En couleur.

WILLE (P.-A.)

576 — Petit Waux-Hall, 1780. Marge.

Imprimerie D. Dumoulin et Cᵉ, à Paris.